I0532930

Todos los libros de Linkgua Ediciones cuentan con modelos de Inteligencia Artificial entrenados por hispanistas. Pregúntale al chat de tu libro lo que desees acerca de la obra o su autor/a.

Para **ebooks**: Accede a nuestro modelo de IA a través de este enlace.

Para **libros impresos**: Escanea el código QR de la portada con tu dispositivo móvil.

Obtén análisis detallados de nuestros libros, resúmenes, respuestas a tus preguntas y accede a nuestras ediciones críticas generativas para una experiencia de lectura más enriquecedora.

La transparencia y el respeto hacia la autoría de las fuentes utilizadas son distintivos básicos de nuestro proyecto. Por ello, las respuestas ofrecen, mediante un sistema de citas, las fuentes con las que han sido elaboradas.

Autores varios

Constitución Política de los Estados Unidos de Colombia de 1863

Barcelona 2024
Linkgua-ediciones.com

Créditos

Título original: Constitución Política de los Estados Unidos de Colombia de 1863.

© 2024, Red ediciones S.L.

e-mail: info@Linkgua-ediciones.com

Diseño de cubierta: Michel Mallard.

ISBN tapa dura: 978-84-1126-616-1.
ISBN rústica ilustrada: 978-84-9953-766-5.
ISBN ebook: 978-84-9897-374-7.

Sumario

Constitución Política de los Estados Unidos de Colombia de 1863

8 de mayo de 1863

MINISTERIO EJECUTIVO,

Por cuanto la Convención Nacional ha venido en expedir, y las Diputaciones en ratificar a nombre de los Estados Soberanos que representan, la siguiente: CONSTITUCIÓN POLÍTICA.

La Convención Nacional, en nombre y por autorización del Pueblo y de los Estados Unidos Colombianos que representa, ha venido en decretar la siguiente: CONSTITUCIÓN POLÍTICA.

Capítulo I. La Nación

Artículo 1. Los Estados Soberanos de Antioquia, Bolívar, Boyacá, Cauca, Cundinamarca, Magdalena, Panamá, Santander y Tolima, creados respectivamente por los actos de 27 de febrero de 1855, 11 de junio de 1856, 13 de mayo de 1857, 15 de junio del mismo año, 12 de abril de 1861, y 3 de septiembre del mismo año, se unen y confederan a perpetuidad consultando su seguridad exterior y recíproco auxilio, y forman una Nación libre, soberana e independiente, bajo el nombre de «Estados Unidos de Colombia».

Artículo 2. Los dichos Estados se obligan a auxiliarse y defenderse mutuamente contra toda violencia que dañe la soberanía de la Unión, o la de los Estados.

Artículo 3. Los límites del territorio de los Estados Unidos de Colombia son los mismos que en el año de 1810, dividían el territorio del Virreinato de Nueva Granada del de las Capitanías generales de Venezuela y, Guatemala, y del de las posesiones portuguesas del Brasil: por la parte meridional son, provisionalmente, los designados en el Tratado celebrado con el Gobierno del Ecuador en 9 de julio de 1856, y los demás que la separan hoy de aquella República y de la del Perú.

Artículo 4. Harán también parte de la misma nacionalidad los Estados Soberanos en que se dividan alguno o algunos de los existentes, conforme al **Artículo** que sigue, y los que, siendo del todo independientes, quieran agregarse a la Unión por Tratados debidamente concluidos.

Artículo 5. La ley Federal puede decretar la creación de nuevos Estados, desmembrando la población y el territorio de los existentes, cuando esto sea solicitado por la Legislatura o las Legislaturas del Estado o de los Estados de cuya población y de cuyo territorio deba formarse el nuevo Estado; con tal que cada uno de los Estados de nueva creación tenga cien mil habitantes, por lo menos, y aquellos de los que fueren segregados no queden con menos de ciento cincuenta mil habitantes cada uno.

Los límites de los Estados reconocidos en el **Artículo 1.°**, no podrán alterarse ni variarse, sino de acuerdo y por consentimiento de los Estados interesados en ello, y con aprobación del Gobierno general.

Capítulo II. Bases de la Unión

Sección I. Derechos y deberes de los Estados

Artículo 6. Los Estados convienen en consignar en sus Constituciones y en su Legislación civil el principio de incapacidad de las comunidades, corporaciones, asociaciones y entidades religiosas, para adquirir bienes raíces, y en consagrar, por punto general, que la propiedad raíz no puede adquirirse con otro carácter que el de enajenable y divisible a voluntad exclusiva del propietario, y de transmisible a los herederos conforme al derecho común.

Artículo 7. Igualmente convienen los dichos Estados en prohibir a perpetuidad las fundaciones, mandas, legados, fideicomisos y toda clase de establecimientos semejantes con que se pretenda sacar una finca raíz de la libre circulación.

Asimismo convienen y declaran que en lo sucesivo no se podrán imponer censos a perpetuidad de otro modo que sobre el Tesoro público, y de ninguna manera sobre fincas raíces.

Artículo 8. En obsequio de la integridad nacional, de la marcha expedita de la Unión y de las relaciones pacíficas entre los Estados, estos se comprometen:

1. A organizarse conforme a los principios del Gobierno popular, electivo, representativo, alternativo y responsable;
2. A no enajenar a potencia extranjera parte alguna de su territorio;
3. A no restringir con impuestos, ni de otro modo, la navegación de los ríos y demás aguas navegables que no hayan exigido canalización artificial;

4. A no gravar con impuestos, antes de haberse ofrecido al consumo, los objetos que sean ya materia de impuestos nacionales, aun cuando se hayan declarado libres de los derechos de importación; ni los productos destinados a la exportación, cuya libertad mantendrá el Gobierno general;

5. A no imponer contribuciones sobre los objetos que transiten por el Estado, sin destinarse a su propio consumo;

6. A no imponer deberes a los empleados nacionales, sino en su calidad de miembros del Estado, y en cuanto esos deberes no sean incompatibles con el servicio público nacional;

7. A no gravar con impuestos los productos y propiedades de la Unión Colombiana;

8. A deferir y someterse a la decisión del Gobierno general en todas las controversias que se susciten entre dos o más Estados, cuando no puedan avenirse pacíficamente, sin que en ningún caso, ni por ningún motivo, pueda un Estado declarar ni hacer la guerra a otro Estado; y,

9. A guardar estricta neutralidad en las contiendas que lleguen a suscitarse entre los habitantes y el Gobierno de otro Estado.

Artículo 9. Las autoridades de cada uno de los Estados tienen el deber de cumplir y hacer que se cumplan y ejecuten la Constitución y las leyes de la Unión, los decretos y órdenes del presidente de ella, y los mandamientos de los Tribunales y Juzgados nacionales.

En cada uno de los Estados se dará entera fe y crédito a los registros, actos, sentencias y procedimientos judiciales de los otros Estados.

Artículo 10. Es obligatorio para las autoridades de cada Estado entregar a las autoridades de aquél en que se haya cometido un delito común la persona que se reclame, y contra la cual se haya librado orden de prisión no violatoria de los derechos individuales enumerados en el **Artículo** 15 de esta Constitución; lo que se comprobará con los necesarios documentos adjuntos a la orden de prisión.

Artículo 11. Los Gobiernos de los Estados en cuyo territorio se asilen individuos responsables de hechos punibles, ejecutados contra el Gobierno de algún Estado limítrofe, tienen, si este lo solicita, el deber de internarlos y mantenerlos a una distancia de la frontera que no les permita continuar hostilizándolos.

Artículo 12. No habrá esclavos en los Estados Unidos de Colombia.

Artículo 13. No se permitirá en ninguno de los Estados de la Unión, enganches o levas que tengan, o puedan tener, por objeto atacar la libertad, la independencia o perturbar el orden público de otro Estado o de otra Nación.

Artículo 14. Los actos legislativos de las Asambleas de los Estados, que salgan evidentemente de su esfera de acción constitucional, se hallan sujetos a suspensión y anulación, conforme a lo dispuesto en esta Constitución; pero nunca atraerán al Estado responsabilidad de ningún género, cuando no se hayan ejecutado y surtido sus naturales efectos.

Sección II. Garantía de los derechos individuales

Artículo 15. Es base esencial e invariable de la Unión entre los Estados, el reconocimiento y la garantía por parte del Gobierno general y de los Gobiernos de todos y cada uno de los Estados, de los derechos individuales que pertenecen a los habitantes y transeúntes en los Estados Unidos de Colombia, a saber:

1. La inviolabilidad de la vida humana; en virtud de lo cual el Gobierno general y el de los Estados se comprometen a no decretar en sus leyes la pena de muerte;

2. No ser condenados a pena corporal por más de diez años;

3. La libertad individual; que no tiene más límites que la libertad de otro individuo; es decir, la facultad de hacer u omitir todo aquello de cuya ejecución u omisión no resulte daño a otro individuo o a la comunidad;

4. La seguridad personal; de manera que no sea atacada impunemente por otro individuo o por la autoridad pública: ni ser presos o detenidos, sino por motivo criminal o por pena correccional: ni juzgados por comisiones o tribunales extraordinarios: ni penados sin ser oídos y vencidos en juicio; y todo esto en virtud de leyes preexistentes;

5. La propiedad; no pudiendo ser privados de ella, sino por pena o contribución general, con arreglo a las leyes, o cuando así lo exija algún grave motivo de necesidad pública, judicialmente declarado y previa indemnización.

En caso de guerra la indemnización puede no ser previa, y la necesidad de la expropiación puede ser declarada por autoridades que no sean del orden judicial.

Lo dispuesto en este inciso no autoriza para imponer pena de confiscación en ningún caso;

6. La libertad absoluta de imprenta y de circulación de los impresos, así nacionales como extranjeros;

7. La libertad de expresar sus pensamientos de palabra o por escrito sin limitación alguna;

8. La libertad de viajar en el territorio de los Estados Unidos, y de salir de él, sin necesidad de pasaporte ni permiso de ninguna autoridad en tiempo de paz, siempre que la autoridad judicial no haya decretado el arraigo del individuo. En tiempo de gue-

rra, el Gobierno podrá exigir pasaporte a los individuos que viajen por los lugares que sean teatro de operaciones militares;

9. La libertad de ejercer toda industria y de trabajar sin usurpar la industria de otro, cuya propiedad hayan garantizado temporalmente las leyes a los autores de inventos útiles, ni las que se reserven la Unión o los Estados como arbitrios rentísticos; y sin embarazar las vías de comunicación, ni atacar la seguridad ni la salubridad;

10. La igualdad; y en consecuencia, no es lícito conceder privilegios o distinciones legales, que cedan en puro favor o beneficio de los agraciados; ni imponer obligaciones especiales que hagan a los individuos a ellas sujetos de peor condición que los demás;

11. La libertad de dar o recibirla instrucción que a bien tengan, en los establecimientos que no sean costeados con fondos públicos;

12. El derecho de obtener pronta resolución en las peticiones que por escrito dirijan a las corporaciones, autoridades o funcionarios públicos, sobre cualquier asunto de interés general o particular;

13. La inviolabilidad del domicilio y de los escritos privados, de manera que aquel no podrá ser allanado, ni los escritos interceptados o registrados, sino por la autoridad competente, para los efectos y con las formalidades que determine la ley;

14. La libertad de asociarse sin armas;

15. La libertad de tener armas y municiones, y de hacer el comercio de ellas en tiempo de paz;

16. La profesión libre, pública o privada, de cualquier religión; con tal que no se ejecuten hechos incompatibles con la soberanía nacional, o que tengan por objeto turbar la paz pública.

Sección III. Delegación de funciones

Artículo 16. Todos los asuntos de Gobierno cuyo ejercicio no deleguen los Estados expresa, especial y claramente al Gobierno general, son de la exclusiva competencia de los mismos Estados.

Artículo 17. Los Estados Unidos de Colombia convienen en establecer un Gobierno general que será popular, electivo, representativo, alternativo y responsable, a cuya autoridad se someten en los negocios que pasan a expresarse:

1. Las Relaciones Exteriores, la defensa exterior y el derecho de declarar y dirigir la guerra y hacer la paz;

2. La organización y el sostenimiento de la fuerza pública al servicio del Gobierno general;

3. El establecimiento, la organización, administración del crédito público y de las rentas nacionales;

4. La fijación del pie de fuerza en paz y en guerra, y la determinación de los gastos públicos a cargo del Tesoro de la Unión;

5. El régimen y la administración del comercio exterior, de cabotaje y costanero; de las fortalezas, puertos marítimos, fluviales y secos en las fronteras; arsenales, diques y demás establecimientos públicos y bienes pertenecientes a la Unión;

6. El arreglo de las vías interoceánicas que existen, o que se abran, en el territorio de la Unión, y la navegación de los ríos que bañan el territorio de más de un Estado, o que pasan al de una Nación limítrofe;

7. La formación del censo general;

8. El deslinde y la demarcación territorial de primer orden con las naciones limítrofes;

9. La determinación del pabellón y escudo de armas nacionales.

10. Todo lo concerniente a naturalización de extranjeros;

11. El derecho de decidir las cuestiones y diferencias que ocurran entre los Estados, con audiencia de los interesados;

12. La acuñación de moneda, determinando su ley, peso, tipo, forma y denominación;

13. El arreglo de los pesos, pesas y medidas oficiales;

14. La legislación y el procedimiento judicial en los casos de presas, represas, piraterías u otros crímenes, y, en general, de los hechos ocurridos en alta mar, cuya jurisdicción corresponda a la Nación conforme al Derecho internacional;

15. La legislación judicial y penal en los casos de violación del Derecho internacional; y,

16. La facultad de expedir leyes, decretos y resoluciones civiles y penales respecto de los negocios o materias que, conforme a este **Artículo** y al siguiente, son de competencia del Gobierno general.

Artículo 18. Son de la competencia, aunque no exclusiva, del Gobierno general, los objetos siguientes:

1. El fomento de la instrucción pública;

2. El servicio de correos;

3. La estadística y la carta o cartas geográficas o topográficas de los pueblos y territorios de los Estados Unidos; y,

4. La civilización de los indígenas.

Sección IV. Condiciones generales

Artículo 19. El Gobierno de los Estados Unidos no podrá declarar ni hacer la guerra a los Estados sin expresa autorización del Congreso, y sin haber agotado antes todos los medios de conciliación que la paz nacional y la conveniencia pública exijan.

Artículo 20. Con excepción del Congreso nacional, Corte Suprema Federal y Poder Ejecutivo de la Nación, no habrá en ningún Estado empleados federales que tengan jurisdicción ordinaria o autoridad en tiempo de paz.

Los agentes del Gobierno de la Unión, en materia de hacienda, militar o cualquier otra, ejercerán ordinariamente sus funciones bajo la inspección de las autoridades propias de los Estados, según su categoría.

Dichas autoridades lo son también del orden federal en todo lo que requiera mando o jurisdicción; y deben, por tanto, cumplir, bajo estricta responsabilidad que les exigirán los altos poderes federales conforme a esta Constitución y las leyes de la materia, los deberes que aquellos les impongan según sus facultades.

Artículo 21. El poder judicial de los Estados es independiente. Las causas en ellos iniciadas conforme a su legislación especial, y en asuntos de su exclusiva competencia, terminarán en los mismos Estados, sin sujeción al examen de ninguna autoridad extraña.

Las indemnizaciones que tenga que acordar la Unión por actos violatorios de las garantías individuales reconocidas en el **Artículo 15**, ejecutados por funcionarios de los Estados, se imputarán al Estado respectivo, quien quedará responsable al Tesoro federal por el importe pecuniario de la indemnización acordada.

Artículo 22. Los miembros de las legislaturas de los Estados son inmunes por el tiempo que su respectiva Constitución determine, y no serán jamás responsables por los votos ni por las opiniones que emitan en desempeño de sus funciones.

Artículo 23. Para sostenerla soberanía nacional, y mantenerla seguridad y tranquilidad públicas, el Gobierno nacional, y los de los Estados en su caso, ejercerán el derecho de suprema inspección sobre los cultos religiosos, según lo determine la ley.

Para los gastos de los cultos establecidos o que se establezcan en los Estados Unidos, no podrá imponerse contribuciones. Todo culto se sostendrá con lo que los respectivos religionarios suministren voluntariamente.

Artículo 24. Ninguna disposición legislativa tendrá efecto retroactivo en el Gobierno general ni en el de los Estados; excepto en materia penal, cuando la ley posterior imponga menor pena.

Artículo 25. Todo acto del Congreso nacional, o del Poder Ejecutivo de los Estados Unidos, que viole los derechos garantizados en el **Artículo** 15, o ataque la soberanía de los Estados, es anulable por el voto de éstos, expresado por la mayoría de sus respectivas Legislaturas.

Artículo 26. La fuerza pública de los Estados Unidos se divide en naval y terrestre a cargo de la Unión, y se compondrá también de la milicia nacional que organicen los Estados según sus leyes.

La fuerza a cargo de la Unión se formará con individuos voluntarios, o por un contingente proporcional que dará cada Estado, llamando al servicio a los ciudadanos que deban prestarlo, conforme a las leyes del Estado.

En caso de guerra se podrá aumentar el contingente con los cuerpos de la milicia nacional, hasta el número de hombres necesarios para llenar el contingente que pida el Gobierno general.

Artículo 27. El Gobierno general no podrá variar los jefes de los cuerpos de la fuerza pública que suministren los

Estados, sino en los casos y con las formalidades que la ley determine.

Capítulo III. Bienes y cargas de la Unión

Artículo 28. Los Estados Unidos de Colombia reconocen como deuda propia las deudas interior y exterior reconocidas por los Gobiernos de la extinguida Confederación Granadina y de los Estados Unidos de Nueva Granada, en la proporción que corresponda a los Estados que se unen por la presente constitución, o que se unan en lo sucesivo, según la población y riqueza de los mismos Estados; los cuales comprometen solemnemente su fe pública, para la amortización de dichas deudas y el pago de sus intereses.

Artículo 29. Igualmente reconocen los Estados Unidos de Colombia los créditos provenientes de empréstitos, suministros, sueldos, pensiones e indemnizaciones en el interior; y los gastos que el sostenimiento de esta Constitución exija. La fe pública de los Estados queda empeñada para la cancelación de dichos créditos.

Artículo 30. Los bienes, derechos y acciones, las rentas y contribuciones que pertenecieron por cualquier título al Gobierno de la extinguida Confederación Granadina, y últimamente al de los Estados Unidos de Nueva Granada, corresponden al Gobierno de los Estados Unidos de Colombia, con las alteraciones hechas o que se hagan por actos legislativos especiales.

Las tierras baldías de la Nación, hipotecadas para el pago de la deuda pública, no podrán aplicarse sino a este objeto, o cederse a nuevos pobladores, o darse como compensación y auxilio a las empresas para la apertura de nuevas vías de comunicación.

Capítulo IV. Colombianos y extranjeros

Artículo 31. Son colombianos:

1. Todas las personas nacidas o que nazcan en el territorio de los Estados Unidos de Colombia, aunque sea de padres extranjeros, transeúntes si vinieren a domiciliarse en el país;
2. Los hijos de padre o madre colombianos, hayan o no nacido en el territorio de los Estados Unidos de Colombia, si en el último caso vinieren a domiciliarse en éste;
3. Los extranjeros que hayan obtenido carta de naturaleza;
4. Los nacidos en cualquiera de las Repúblicas Hispanoamericanas, siempre que hayan fijado su residencia en el territorio de la Unión, y declarado ante la autoridad competente que quieren ser colombianos.

Artículo 32. Pierden el carácter de colombianos los que fijen su domicilio y adquieran nacionalidad en país extranjero.

Artículo 33. Son elegibles para los puestos públicos del Gobierno general de los Estados Unidos, los colombianos varones mayores de 21 años, o que sean o hayan sido casados; con excepción de los Ministros de cualquier religión.

Artículo 34. Todos los colombianos tienen el deber de servir a la Nación conforme lo disponen las leyes, haciendo el sacrificio de su vida, si fuere necesario, para defender la independencia nacional. Hallándose en el territorio de cualquier Estado, tendrán en él los mismos deberes y derechos que los domiciliados.

Artículo 35. Una ley especial definirá la condición de los extranjeros domiciliados, y determinará los derechos y deberes anexos a dicha condición.

Capítulo V. Gobierno general

Artículo 36. El Gobierno general de los Estados Unidos de Colombia será, por la naturaleza de sus principios constitutivos, republicano, federal, electivo, alternativo y responsable; dividiéndose para su ejercicio en Poder Legislativo, Poder Ejecutivo y Poder judicial.

Capítulo VI. Poder Legislativo

Sección I. Disposiciones generales
Artículo 37. El Poder Legislativo residirá en dos Cámaras con el nombre de «Cámara de Representantes» la una, y «Senado de Plenipotenciarios» la otra.

Artículo 38. La Cámara de Representantes representará el pueblo colombiano, y la compondrán los Representantes que correspondan a cada Estado, en razón de uno por cada cincuenta mil almas, y uno más por un residuo que no baje de veinte mil.

Artículo 39. El Senado de Plenipotenciarios representará los Estados como entidades políticas de la Unión, y se compondrá de tres Senadores Plenipotenciarios por cada Estado.

Artículo 40. Corresponde a los Estados determinar la manera de hacer el nombramiento de sus Senadores y Representantes.

Plenipotenciarios El Congreso se reunirá ordinariamente, sin necesidad de convocatoria, cada año el día 1.º de febrero en la capital de la Unión.

Podrá reunirse también en otro lugar, o trasladar a él temporalmente sus sesiones, y prorrogar éstas, cuando por algún grave motivo así lo disponga el mismo Congreso.

Se necesita el consentimiento mutuo de las dos Cámaras para trasladar temporalmente sus sesiones a otro lugar y para suspenderlas por más de dos días.

Las sesiones ordinarias durarán hasta noventa días.

Artículo 42. El Congreso se reunirá extraordinariamente por acuerdo de ambas Cámaras, o por convocatoria del Poder Ejecutivo.

Artículo 43. Para que el Congreso pueda abrir y continuar sus sesiones, se necesita en cada Cámara la concurrencia de la mayoría absoluta de los miembros que le correspondan. Una de las Cámaras no podrá abrir sus sesiones en distinto día que la otra, ni continuarlas estando la otra en receso.

Artículo 44. Los Senadores y Representantes gozan de inmunidad en sus personas y propiedades desde que principien o deban principiar las sesiones, durante el tiempo de éstas, y mientras van a ellas y vuelven a sus casas.

La ley fijará el tiempo que se supone empleado en tales viajes, para los efectos de este **Artículo**.

Artículo 45. Los Senadores y Representantes son irresponsables por los votos y por las opiniones que emitan.

Ninguna autoridad puede, en ningún tiempo, hacerles cargo alguno por dichos votos y opiniones, con ningún motivo ni pretexto.

Artículo 46. Los Senadores y Representantes no pueden aceptar empleo de libre nombramiento del presidente de la Unión Colombiana, con excepción de los de Secretarios de Estado, agentes diplomáticos y jefes militares en tiempo de guerra.

La admisión de estos empleos deja vacante el puesto en la respectiva Cámara.

Artículo 47. Los Senadores y Representantes no pueden, mientras conserven el carácter de tales, hacer por sí o por interpuesta persona ninguna clase de contratos con el Gobierno general.

Tampoco podrán admitir de ningún Gobierno, compañía o individuo poder para gestionar negocios que tengan relación con el Gobierno de la Unión Colombiana.

Sección II. Congreso

Artículo 48. La Cámara de Representantes y el Senado de Plenipotenciarios tomarán colectivamente el nombre de «Congreso de los Estados Unidos de Colombia».

Artículo 49. Son atribuciones exclusivas del Congreso:

1. Apropiar anualmente las cantidades que del Tesoro de la Unión hayan de extraerse para los gastos nacionales;
2. Decretar la enajenación de los bienes de la Unión y su aplicación a usos públicos;
3. Fijar anualmente la fuerza pública de mar y tierra para el servicio de la Unión;
4. Permitir el tránsito de tropas extranjeras por el territorio de la Unión;
5. Autorizar al presidente de la Unión para declarar la guerra a otra Nación;
6. Autorizar al Poder Ejecutivo para permitir la estación de buques de guerra extranjeros en puertos de la República;
7. Conceder amnistías e indultos generales o particulares, por grave motivo de conveniencia nacional;
8. Conceder privilegios y auxilios para la navegación por vapor en aquellos ríos y aguas que sirvan de canal para el comercio de más de un Estado, o que pasen al territorio de Nación limítrofe;
9. Designar la capital de la Unión Colombiana;
10. Hacer en Cámaras reunidas, el escrutinio de votos en las elecciones de presidente de los Estados Unidos y Magistrados de la Corte Suprema federal, declarar y comunicar la elección;
11. Nombrar anualmente y con Cámaras reunidas, por mayoría absoluta de votos tres designados para ejercer el Poder Ejecutivo de la Unión, y cinco suplentes de los Magistrados de la

Corte Suprema federal, determinando el orden en que deben reemplazar a los principales, por falta absoluta o temporal;

12. Resolver sobre los Tratados y convenios públicos que el presidente de la Unión celebre con otras naciones, y sobre los contratos que haga con los Estados y con los particulares, bien sean nacionales o extranjeros, que deba someter a su consideración;

13. Crear los empleos que demande el servicio público nacional, y establecerlas reglas sobre su provisión, salario y desempeño;

14. Pedir al Poder Ejecutivo cuenta de todas sus operaciones, y cualesquiera informes escritos o verbales que necesite para la mejor expedición de sus trabajos;

15. Designar, de entre los generales de la República, hasta ocho disponibles, y de ellos nombrará el Poder Ejecutivo el general en Jefe del Ejército con arreglo a la ley; pudiendo removerlo la Cámara de Representantes cuando lo estime conveniente; y,

16. Legislar sobre las materias que son de competencia del Gobierno general.

Artículo 50. Ni el Congreso, ni las Cámaras Legislativas por separado, podrán delegar ninguna de sus atribuciones.

Sección III. Senado
Artículo 51. Son atribuciones del Senado:

1. Aprobar el nombramiento de Secretarios de Estado, hecho por el Poder Ejecutivo; el de los empleados superiores en los diferentes departamentos administrativos, el de los Agentes diplomáticos y el de los jefes militares;

2. Aprobar las instrucciones del Poder Ejecutivo a los Agentes diplomáticos para celebrar Tratados públicos;

3. Decretar la suspensión del presidente de los Estados Unidos y de los Secretarios de Estado, y ponerlos a disposición de la Corte Suprema federal, a virtud de acusación de la Cámara de Representantes, o del Procurador general, cuando hubiere lugar a formación de causa contra aquellos funcionarios por delitos comunes;

4. Conocer de las causas de responsabilidad contra el presidente de los Estados Unidos, los Secretarios de Estado, los Magistrados de la Corte Suprema federal y el Procurador general de la Nación, a virtud de acusación de la Cámara de Representantes, por delitos cometidos en el desempeño de sus funciones;

5. Decidir definitivamente sobre la nulidad o validez de los actos legislativos de las Asambleas de los Estados y que se denuncien como contrarios a la Constitución de la República.

Artículo 52. En receso del Senado, y exigiéndolo el buen servicio público, se permite al Poder Ejecutivo nombrar Secretarios de Estado, Agentes diplomáticos y empleados superiores en los Departamentos administrativos, debiendo someter estos nombramientos a la aprobación del Senado en su próxima reunión.

Sección IV. Cámara de Representantes

Artículo 53. Son atribuciones de la Cámara de Representantes:

1. Examinar y fenecer definitivamente la cuenta general del Tesoro Nacional;

2. Acusar ante el Senado al presidente de los Estados Unidos, a los Secretarios de Estado, a los Magistrados de la Corte Suprema federal y al Procurador general de la Nación, en los casos y para los efectos de los incisos 3.º y 4.º del **Artículo 51**;

3. Cuidar de que los funcionarios y empleados públicos al servicio de los Estados Unidos desempeñen cumplidamente sus deberes, y requerir al agente respectivo del Ministerio Público para que intente la acusación del caso contra los que incurrieren en responsabilidad; y,

4. Nombrar anualmente, y por mayoría absoluta de votos, el Procurador general y dos suplentes.

Sección V. Formación de las Leyes

Artículo 54. En las Cámaras del Senado y de Representantes pueden tener origen todos los proyectos de ley que propongan sus miembros, o los que por medio de comisiones de las mismas Cámaras se presenten a la discusión, excepto los que establezcan contribuciones u organicen el Ministerio Público, los cuales tendrán origen en la Cámara de Representantes.

Artículo 55. Ningún proyecto será ley sin haber tenido en cada Cámara tres debates en distintos días, y sin haber sido aprobado por la mayoría absoluta de los miembros presentes en las respectivas sesiones.

Artículo 56. Todo proyecto legislativo necesita, además de la aprobación de las Cámaras, la sanción del presidente de la Unión, quien tiene el derecho de devolver el proyecto a la Cámara de su origen para que sea reconsiderado, acompañando las observaciones que motiven la devolución.

Artículo 57. Si el proyecto se devuelve por inconstitucional o por inconveniente en su totalidad, y una de las Cámaras declara fundadas las observaciones hechas por el presidente de la Unión, se archivará y no podrá tomarse en consideración otra vez en las mismas sesiones.

Si ambas Cámaras declaran infundadas las observaciones, se devolverá el proyecto al presidente de la Unión, quien en tal caso no podrá negarle su sanción.

Artículo 58. Si las observaciones del presidente de la Unión se contraen solamente a alguna o algunas de las disposiciones del proyecto, y ambas Cámaras las declaran fundadas en todo o en parte, se reconsiderará el proyecto, y se harán las modificaciones necesarias en la parte o las partes a que se hayan contraído aquellas observaciones. Si las modificaciones adoptadas son conformes a lo propuesto por el presidente de la Unión, este no podrá negar su sanción al proyecto; pero si no lo son, o se introducen disposiciones nuevas, o se suprime alguna que no haya sido objetada, el presidente podrá hacer nuevas observaciones al proyecto.

Si una de las Cámaras declara infundadas las observaciones y la otra fundadas, se archivará el proyecto.

En todo caso en que ambas Cámaras declaren infundadas las observaciones, el presidente de la Unión tiene el deber de sancionar el proyecto.

Cuando se introduzcan disposiciones nuevas, al considerar las observaciones del Poder Ejecutivo sufrirán dos debates y en distintos días, en cada Cámara.

Artículo 59. El presidente de la Unión tiene el término de seis días para devolver todo proyecto con observaciones, cuando este no conste de más de cincuenta **Artículos:** si pasa de este número, el término será de diez días.

Todo proyecto no devuelto dentro del término señalado, debe ser sancionado; pero si el Congreso se pusiere en receso durante el término concedido al presidente para devolver el proyecto, tendrá éste la precisa obligación de sancionarlo u objetarlo dentro de los diez días siguientes al en que el Congreso se haya puesto en receso, y, además, la de publicar por la imprenta el resultado.

Artículo 60. Todo proyecto legislativo que, al ponerse en receso las Cámaras, quede pendiente, se tendrá como proyecto nuevo cuando se discuta en las sesiones inmediatas.

Artículo 61. En las leyes y los decretos legislativos se usará de esta fórmula:

«El Congreso de los Estados Unidos de Colombia:
Decreta:

Sección VI. Disposiciones comunes a las dos Cámaras

Artículo 62. Cada Cámara tiene la facultad privativa de crearlos empleados y darse los reglamentos que juzgue necesarios para la dirección y desempeño de sus trabajos y para la policía interior del edificio de sus sesiones. En estos reglamentos pueden establecerse las penas correccionales con que deba castigar a sus propios miembros por las faltas en que incurran, y a cualesquiera individuos por los atentados que cometan contra la Cámara o contra la inmunidad de sus miembros.

Artículo 63. Cada Cámara es competente para decidir las cuestiones que se susciten sobre calificación de sus propios miembros, cuando por algún Estado se presente un número de Representantes o de Senadores mayor que el que le corresponde, y todos exhiban credenciales en debida forma.

Capítulo VII. Poder Ejecutivo

Artículo 64. El Poder Ejecutivo de la Unión se ejerce por un Magistrado que se denominará «presidente de los Estados Unidos de Colombia», y que empezará a funcionar el día 1.° de abril próximo al de su elección.

Artículo 65. En caso de falta absoluta o temporal del presidente de la Unión, asumirá este título y ejercerá el Poder Ejecutivo uno de los tres Designados que por mayoría absoluta, elija cada año el Congreso, determinando el orden de sustitución.

Pero si por cualquier motivo el Congreso no hubiere elegido designados, o si ninguno de ellos se hallare en la capital de la Unión, o no pudiere, por otra circunstancia, encargarse del Poder Ejecutivo, quedará este accidentalmente a cargo del Procurador General, y en su defecto, de los presidentes, Gobernadores o Jefes Superiores de los Estados, elegidos popularmente, en el orden de sustitución que cada año determine el Congreso.

La ley determinará cuándo deba procederse a nueva elección de presidente en caso de falta absoluta de éste.

El período de duración de los Designados para ejercer el Poder Ejecutivo será de un año, contado desde el 1.° de abril siguiente a su elección.

Si la reunión del Congreso no pudiere tener efecto en la época que le está señalada, o en el caso de que se haya omitido la elección de los Designados, el período de duración de éstos continuará hasta que la reunión tenga lugar y se haga nueva designación.

Artículo 66. Son atribuciones del presidente de la Unión:

1. Dar las disposiciones convenientes para la cumplida ejecución de las leyes;

2. Cuidar de la exacta y fiel recaudación de las rentas nacionales;

3. Negociar y concluir los Tratados y Convenios públicos con las Naciones extranjeras, ratificarlos y canjearlos, previa la aprobación del Congreso, y cuidar de su puntual observancia;

4. Celebrar cualesquiera convenios o contratos relativos a los negocios que son de la competencia del Gobierno de la Unión, sometiéndolos a la aprobación del Congreso para llevarlos a efecto, salvo que las estipulaciones en ellos contenidas se hayan prefijado en una ley;

5. Declarar la guerra cuando la haya decretado el Congreso, y dirigir la defensa del país en caso de invasión extranjera, pudiendo llamar al servicio activo, si fuere necesario, la milicia de los Estados;

6. Dirigir las operaciones de la guerra como Jefe Superior de los Ejércitos y de la Marina de la Unión;

7. Nombrar para todos los empleos públicos de la Unión las personas que deban servirlos, cuando la Constitución o las leyes no atribuyan el nombramiento a otra autoridad;

8. Remover de sus destinos a los empleados que sean de su nombramiento;

9. Presentar a la Cámara de Representantes, en el primer día de sus sesiones anuales, el Presupuesto de rentas y gastos de la Unión y la cuenta general del Presupuesto y del Tesoro;

10. Cuidar de que la justicia se administre pronta y cumplidamente, promoviendo, por medio de los que ejercen el Ministerio público, el juzgamiento de los delincuentes y el despacho de los negocios civiles que se ventilen en los Tribunales y Juzgados de la Nación;

11. Impedir cualquiera agresión armada de un Estado de la Unión contra otro de la misma, o contra una Nación extranjera;

12. Cuidar de que el Congreso se reúna el día señalado por la Constitución, dando con oportunidad las disposiciones necesarias para que los Senadores y Representantes reciban los auxilios que para su marcha haya señalado la ley;

13. Conceder patentes garantizando por determinado tiempo la propiedad de las producciones literarias, de las invenciones útiles aplicables a nuevas operaciones industriales o a la perfección de las existentes;

14. Nombrar, con aprobación del Senado, los Secretarios de Estado, los empleados superiores de los diferentes departamentos administrativos, los Agentes diplomáticos, y los jefes militares cuyo nombramiento le corresponde;

15. Conceder cartas de naturalización con arreglo a la ley;

16. Expedir patentes de corso y de navegación;

17. Presentar al Congreso; en los primeros días de sus sesiones ordinarias, un informe escrito acerca del curso que hayan tenido durante el último período los negocios de la Unión, y sobre la situación actual de ellos, acompañando las Memorias que son de cargo de los Secretarios del Estado;

18. Dar a las Cámaras Legislativas los informes especiales que soliciten, siempre que no versen sobre negociaciones diplomáticas que a su juicio requieran reserva;

19. Velar por la conservación del orden general;

20. Desempeñar las demás funciones que le estén atribuidas por la Constitución y las leyes.

Artículo 67. Cuando el presidente dirija personalmente las operaciones militares fuera de la capital de la Unión, el respectivo Designado quedará encargado del Poder Ejecutivo en los demás ramos de la Administración.

Artículo 68. Para el despacho de los negocios de la competencia del Poder Ejecutivo de la Unión, tendrá el presidente los Secretarios de Estado que determine la ley. Todos los actos del presidente, con excepción de los decretos de nombramiento o remoción de los Secretarios de Estado, serán autorizados por uno de éstos, sin lo cual no deberán ser obedecidos.

Capítulo VIII. Poder Judicial

Artículo 69. El Poder Judicial se ejerce por el Senado, por una Corte Suprema federal, por los Tribunales y Juzgados de los Estados, y por los que se establezcan en los territorios que deban regirse por legislación especial.

Los juicios por delitos y faltas militares de las fuerzas de la Unión, son de competencia del Poder Judicial nacional.

Artículo 70. La Corte Suprema federal se compondrá de cinco Magistrados, no pudiendo haber en ella, a un mismo tiempo, más de un Magistrado que sea ciudadano, natural o vecino de un mismo Estado.

Artículo 71. Son atribuciones de la Corte Suprema federal:

1. Conocer de las causas por delitos comunes contra el presidente de la Unión y los Secretarios de Estado, previa la suspensión declarada por el Senado, cuando decida que hay lugar a formación de causa;

2. Conocer de las causas por delitos comunes contra el Procurador general de la Unión, los Magistrados de la misma Corte Suprema, y los Ministros públicos de la Nación en el extranjero;

3. Conocer de las causas de responsabilidad contra los empleados diplomáticos y consulares de la Unión, por mal desempeño en el ejercicio de sus funciones;

4. Conocer de las causas de responsabilidad contra los Gobernadores, presidentes, Jefes Superiores y Magistrados de los Tribunales superiores de los Estados, por infracción de la Constitución y leyes de la Unión;

5. Conocer de las causas de responsabilidad contra los Generales y Comandantes en jefe de las fuerzas nacionales, y contra

los Jefes Superiores de las oficinas principales de Hacienda de la Unión;

6. Decidir las cuestiones que se susciten entre los Estados, o entre uno o algunos Estados, y el Gobierno general de la Unión, sobre competencia de facultades, propiedades, límites y demás objetos contenciosos;

7. Conocer de los negocios contenciosos sobre presas marítimas, contravención por buques nacionales o extranjeros a las disposiciones legales relativas al comercio exterior, de cabotaje y costanero, o a las formalidades que deben observarse en los puertos nacionales, y sobre las disposiciones relativas a la navegación marítima y de los ríos que bañen el territorio de más de un Estado, o que pasen al de una Nación limítrofe;

8. Conocer de las controversias que se susciten sobre los contratos y convenios que el Gobierno de la Unión celebre con los Estados, o con los particulares, y en última instancia, en toda cuestión en que deban aplicarse las estipulaciones de los Tratados públicos;

9. Conocer de las controversias que se susciten relativas a las comunicaciones interoceánicas por el territorio de la Unión, y a la seguridad del tránsito por ellas;

10. Conocer de todos los negocios contenciosos que se refieran a bienes y rentas de la Unión;

11. Dirimir las competencias que se susciten entre los Tribunales y Juzgados de diferentes Estados, entre los Tribunales y Juzgados de uno o más Estados y los Tribunales de la Unión, o entre dos o más de estos últimos;

12. Nombrar los empleados subalternos de la misma Corte, y removerlos libremente;

13. Dar todos los informes que las Cámaras legislativas, el presidente de la Unión y el Procurador general le pidan respecto de los negocios de que conoce;

14. Declarar cuáles son los actos del Congreso nacional, o del Poder Ejecutivo de la Unión, que han sido anulados por la mayoría de las Legislaturas de los Estados; y,

15. Ejercer las demás funciones que la ley determine respecto de los negocios de la competencia del Gobierno general.

Artículo 72. Corresponde a la Corte Suprema suspender, por unanimidad de votos, a pedimento del Procurador General o de cualquier ciudadano, la ejecución de los actos legislativos de las Asambleas de los Estados, en cuanto sean contrarios a la Constitución o a las leyes de la Unión, dando, en todo caso, cuenta al Senado para que éste decida definitivamente sobre la validez o nulidad de dichos actos.

Capítulo IX. Ministerio público

Artículo 73. El Ministerio Público se ejerce por la Cámara de Representantes, por un funcionario denominado «Procurador general de la Nación», y por los demás funcionarios que determina la ley.

Artículo 74. Son atribuciones del Ministerio público:

1. Cuidar de que todos los funcionarios públicos al servicio de la Unión desempeñen cumplidamente sus deberes;

2. Acusar ante el Senado o la Corte Suprema federal a los funcionarios justiciables por estas corporaciones; y,

3. Desempeñar las demás funciones que la ley le atribuya.

Capítulo X. Elecciones

Artículo 75. La elección del presidente de la Unión se hará por el voto de los Estados, teniendo cada Estado un voto, que será el de la mayoría relativa de sus respectivos electores, según su legislación. El Congreso declarará elegido presidente al ciudadano que obtenga la mayoría absoluta de los votos de los Estados. En caso de que ninguno tenga dicha mayoría, el Congreso elegirá entre los que reúnan mayor número de votos.

El ciudadano que hubiere ejercido la Presidencia no podrá ser reelegido para el próximo período.

Artículo 76. La elección de Magistrados de la Corte Suprema federal se hará de la manera siguiente:

La Legislatura de cada Estado presentará al Congreso una lista de individuos en número igual al de las plazas que deban proveerse, y el Congreso declarará elegidos los cinco que reúnan más votos y satisfagan la condición puesta en el **Artículo 70.**

Todo empate se decidirá por la suerte.

Capítulo XI. Disposiciones varias

Artículo 77. Los altos poderes federales residirán en el lugar o en los lugares que designe la ley.

Artículo 78. Serán regidos por una ley especial los Territorios poco poblados, u ocupados por tribus de indígenas, que el Estado o los Estados a que pertenezcan consientan en ceder al Gobierno general con el objeto de fomentar colonizaciones y realizar mejoras materiales.

Desde que un territorio cuente población civilizada que pase de tres mil habitantes, mandará a la Cámara de Representantes un Comisario, que tendrá voz y voto en la discusión de las leyes concernientes a los Territorios, y voz, pero no voto, en las leyes de interés general. Desde que la población civilizada llegue a veinticinco mil habitantes, el Territorio mandará, en vez de Comisario, un Diputado con voz y voto en toda discusión; y de cincuenta mil habitantes arriba, mandará los Diputados que le correspondan conforme al **Artículo** 38 de esta Constitución.

Artículo 79. El período de duración del presidente de los Estados Unidos y de los Senadores y Representantes, será de dos años.

Artículo 80. El período de duración de los Magistrados de la Corte Suprema federal, será de cuatro años; y el del Procurador general de la Nación será de dos años.

Artículo 81. No podrán ser elegidos Senadores ni Representantes el presidente de la Unión, sus Secretarios de Estado, el Procurador general y los Magistrados de la Corte Suprema federal.

Artículo 82. Los empleados amovibles por el presidente de la Unión, cesan en sus destinos si admiten el cargo de Senador o Representante.

Artículo 83. Cesan igualmente en sus destinos los empleados amovibles por el presidente de la Unión, dos meses después de posesionado el elegido conforme a esta Constitución.

Artículo 84. Ninguna renta, contribución o impuesto nacional, será exigible sin que se haya incluido nominalmente en el Presupuesto que el Congreso deba expedir cada año.

Artículo 85. No se hará del Tesoro nacional ningún gasto para el cual no haya sido aplicada expresamente una suma por el Congreso, ni en mayor cantidad que la aplicada.

Artículo 86. Los sueldos del presidente de la Unión, de los Senadores y Representantes, del Procurador general de la Nación y de los Magistrados de la Corte Suprema federal, no podrán aumentarse ni disminuirse durante el período para el cual hayan sido electos los que desempeñen dichos destinos en la época en que se haga el aumento o la disminución.

Artículo 87. Los Magistrados de la Corte Suprema federal, y los Jueces de los demás Tribunales y Juzgados nacionales, no pueden ser suspensos sino por acusación legalmente intentada y admitida, ni depuestos sino a virtud, de sentencia judicial conforme a las leyes.

Artículo 88. Es prohibido a los colombianos admitir empleos, condecoraciones, títulos o rentas de Gobiernos extranjeros sin permiso del Congreso: el que contra esta disposición lo hiciere, perderá la calidad de colombiano.

Artículo 89. Es prohibido a todo funcionario o corporación pública, el ejercicio de cualquiera función o autoridad que claramente no se le haya conferido.

Artículo 90. El Poder Ejecutivo iniciará negociaciones con los Gobiernos de Venezuela y Ecuador para la Unión voluntaria de las tres secciones de la antigua Colombia en nacionalidad común, bajo una forma republicana, democrática y federal, análoga a la establecida en la presente Constitución, y especificada, llegado el caso, por una Convención general constituyente.

Artículo 91. El Derecho de gentes hace parte de la Legislación nacional. Sus disposiciones regirán especialmente en los casos de guerra civil. En consecuencia, puede ponerse término a ésta por medio de Tratados entre los beligerantes, quienes deberán respetar las prácticas humanitarias de las naciones cristianas y civilizadas.

Capítulo XII. Reforma

Artículo 92. Esta Constitución podrá ser reformada total o parcialmente con las formalidades siguientes:

1. Que la reforma sea solicitada por la mayoría de las Legislaturas de los Estados;
2. Que la reforma sea discutida y aprobada en ambas Cámaras conforme a lo establecido para la expedición de las leyes; y,
3. Que la reforma sea ratificada por el voto unánime del Senado de Plenipotenciarios, teniendo un voto cada Estado.

También puede ser reformada por una Convención convocada al efecto por el Congreso, a solicitud de la totalidad de las Legislaturas de los Estados, y compuesta de igual número de Diputados por cada Estado.

Capítulo XIII. Régimen

Artículo 93. La presente Constitución regirá desde su publicación oficial, siempre que obtenga la ratificación unánime de las Diputaciones de los Estados reunidos en esta Convención, como representantes de la soberanía de los Estados. Si la Diputación de algún Estado negare su ratificación, la Constitución no será obligatoria para el Estado que aquella representa, el cual manifestará en definitiva su voluntad por medio de su Asamblea Legislativa.

Si dicha Asamblea no resolviere nada en su más próxima reunión, o si no se reúne dentro de tres meses después de recibida en la Capital del Estado la presente Constitución, se tendrá por aceptada como lo hayan hecho los otros Estados.

Dada en Rionegro, a 8 de mayo de 1863.

El presidente, Diputado por el Estado Soberano de Panamá, Justo Arosemena. El Vicepresidente, Diputado por el Estado Soberano del Cauca, Julián Trujillo. El Diputado por el Estado Soberano de Antioquía, José María Rojas Garrido. El Diputado por el Estado Soberano de Antioquía, Domingo Díaz Granados. El Diputado por el Estado Soberano de Antioquía, Mamerto García. El Diputado por el Estado Soberano de Antioquía, Antonio Mendoza. El Diputado por el Estado Soberano de Antioquía, Camilo Antonio Echeverri. El Diputado por el Estado Soberano de Antioquía, Juan C. Soto. El Diputado por el Estado Soberano de Antioquía, Nicolás F. Villa. El Diputado por el Estado Soberano de Bolívar, Antonio González Carazo. El Diputado por el Estado Soberano de Bolívar, José Araújo. El Diputado por el Estado Soberano de Bolívar, Benjamín Noguera. El Diputado por el Estado Soberano de Bolívar, Ramón Santodomingo Vila.

El Diputado por el Estado Soberano de Bolívar, Felipe S. Paz. El Diputado por el Estado Soberano de Bolívar, Eloi Porto. El Diputado por Estado Soberano de Boyacá, Santos Gutiérrez. El Diputado por el Estado Soberano de Boyacá, Santos Acosta. El Diputado por el Estado Soberano de Boyacá, Antonio Ferro. El Diputado por el Estado Soberano de Boyacá, Pedro Cortez Holguín. El Diputado por el Estado Soberano de Boyacá, Eusebio Otárola. El Diputado por el Estado Soberano de Boyacá, José del Carmen Rodríguez. El Diputado por el Estado Soberano de Boyacá, Gabriel A. Sarmiento. El Diputado por el Estado Soberano de Boyacá, Santiago Izquierdo Z. El Diputado por el Estado Soberano de Boyacá, Aníbal Currea. El Diputado por el Estado Soberano del Cauca, Tomás C. de Mosquera. El Diputado por el Estado Soberano del Cauca, Andrés Cerón. El Diputado por el Estado Soberano del Cauca, Ezequiel Hurtado. El Diputado por el Estado Soberano del Cauca, Peregrino Santacoloma. El Diputado por el Estado Soberano del Cauca, Ramón María Arana. El Diputado por el Estado Soberano del Cauca, Nicomedes Conto. El Diputado por el Estado Soberano del Cauca, Antonio L. Guzmán. El Diputado por el Estado Soberano del Cauca, Vicente G de Piñérez. El Diputado por el Estado Soberano de Cundinamarca, Ramón Gómez. El Diputado por el Estado Soberano de Cundinamarca, Francisco J. Zaldúa. El Diputado por el Estado Soberano de Cundinamarca, Francisco de P. Mateus. El Diputado por el Estado Soberano de Cundinamarca, Juan A. Uricoechea. El Diputado por el Estado Soberano de Cundinamarca, Lorenzo María Lleras. El Diputado por el Estado Soberano de Cundinamarca, Manuel Ancízar. El Diputado por el Estado Soberano de Cundinamarca, Salvador Camacho Roldán. El Diputado por el Estado Soberano del Magdalena, José María L. Herrera. El Diputado por el Estado Soberano del Magdalena, Luis Capella Toledo. El Diputado por el Estado Soberano del Magdalena, Manuel L. Herrera. El Diputado por el Estado Soberano del Magdalena, Juan Manuel Barrera. El Diputado por el Estado Soberano del Magdalena, Agustín Núñez. El Diputado por el Estado Soberano de Panamá, Buenaventura Correoso. El Diputado por el Estado Soberano de Panamá, Gabriel Neira. El Diputado por el Estado Soberano de Panamá, Guillermo Lynch. El Diputado por el Estado Soberano de Panamá, los Encarnación Brandao. El Diputado por el Estado Soberano de Panamá, Guillermo Figueroa. El Diputado por el Estado Soberano de Santander, Foción Soto. El Diputado por el Estado Soberano de Santander, Aquileo Parra. El Diputado por el Estado Soberano de Santander, Narciso Cadena. El Diputado por el Estado Soberano de Santander, Alejandro Gómez Santos. El Diputado por el Estado Soberano de Santander, Felipe Zapata. El Diputado por el Estado Soberano de Santander, Marcelino Gutiérrez A. El Diputado por el Estado Soberano de Santander, Gabriel Vargas Santos. El Diputado por el Estado Soberano del Tolima, José Hilario López. El Diputado por el Estado Soberano del Tolima, Bernardo Herrera. El Diputado por el Estado Soberano del Tolima, Liborio Durán. El Diputado por el Estado Soberano del Tolima, José María Cuéllar Poveda. El Diputado por el Estado Soberano del Tolima, Manuel Antonio Villoría. El Diputado por el Distrito federal, Eustorjío Salgar. El Diputado por el Distrito federal, Wenceslao Ibáñez. El Secretario, Clímaco Gómez V.

Acto constitucional transitorio

La Convención Nacional, en nombre y por autorización del Pueblo y de los Estados Unidos Colombianos que representa, ha venido en decretar el siguiente: ACTO CONSTITUCIONAL TRANSITORIO.

Artículo 1. En el presente año se harán las elecciones populares de presidente, Senadores y Representantes para que el 1.° de febrero de 1861, se instale el primer Congreso constitucional, y ante él tome posesión el nuevo presidente el 1.° de abril.

Artículo 2. El Gobierno general continuará sus relaciones con las Naciones amigas por medio de los Agentes diplomáticos que le presenten nuevas credenciales, y las mandará a los Agentes que tenga la República en el exterior, cuando sea sancionada la Constitución, pidiendo el consentimiento a la Convención.

Artículo 3. El primer presidente constitucional de los Estados Unidos de Colombia será elegido por la Convención, y durará hasta el 1.° de abril de 1864, en que debe posesionarse el presidente que se elija de conformidad con el **Artículo** 75 de la Constitución.

Artículo 4. La Corte Suprema federal, compuesta de los tres Magistrados en actual ejercicio, y el Procurador general, continuarán desempeñando las funciones que les corresponden hasta el 1.° de abril próximo, en que tomarán posesión los nuevos funcionarios que se elijan con arreglo a la Constitución.

Artículo 5. La Convención desempeñará en sus presentes sesiones todas las atribuciones que por la Constitución corresponden al Congreso y a cada una de sus Cámaras.

Artículo 6. Las Legislaturas de los Estados votarán en el presente año, en su primera reunión, por Magistrados de la Corte Suprema federal, a fin de que el próximo Congreso haga el escrutinio y declare la elección. Los ciudadanos que resulten elegidos tomarán posesión de sus destinos el día 1.º de abril de 1864.

Artículo 7. El territorio que ha servido de Distrito federal se regirá como lo determine su municipalidad, hasta que la Asamblea del Estado Soberano de Cundinamarca lo incorpore legalmente a dicho Estado. La Corte Suprema conocerá de los recursos de apelación que hasta entonces se hayan concedido por los jueces del Distrito federal.

Artículo 8. Se abroga el Pacto de Unión de 20 de septiembre de 1861.

Dado en Rionegro, a 8 de mayo de 1863.

El presidente, Diputado por el Estado Soberano de Panamá, Justo Arosemena. El Vicepresidente, Diputado por el Estado Soberano del Cauca, Julián Trujillo. El Diputado por el Estado Soberano de Antioquía, José María Rojas Garrido. El Diputado por el Estado Soberano de Antioquía, Domingo Díaz Granados. El Diputado por el Estado Soberano de Antioquía, Mamerto García. El Diputado por el Estado Soberano de Antioquía, Antonio Mendoza. El Diputado por el Estado Soberano de Antioquía, Camilo Antonio Echeverri. El Diputado por el Estado Soberano de Antioquía, Juan C. Soto. El Diputado por el Estado Soberano de Antioquía, Nicolás F. Villa. El Diputado por el Estado Soberano de Bolívar, Antonio González Carazo. El Diputado por el Estado Soberano de Bolívar, José Amfijo. El Diputado por el Estado Soberano de Bolívar, Benjamín Noguera. El Diputado por el Estado Soberano de Bolívar, Ramón Santodomingo Vila. El Diputado por el Estado Soberano de Bolívar, Felipe S.

Paz. El Diputado por el Estado Soberano de Bolívar, Eloi Porto. El Diputado por Estado Soberano de Boyacá, Santos Gutiérrez. El Diputado por el Estado Soberano de Boyacá, Santos Acosta. El Diputado por el Estado Soberano de Boyacá, Antonio Ferro. El Diputado por el Estado Soberano de Boyacá, Pedro Cortez Holguín. El Diputado por el Estado Soberano de Boyacá, Eusebio Otálora. El Diputado por el Estado Soberano de Boyacá, José del Carmen Rodríguez. El Diputado por el Estado Soberano de Boyacá, Gabriel A. Sarmiento. El Diputado por el Estado Soberano de Boyacá, Santiago Izquierdo Z. El Diputado por el Estado Soberano de Boyacá, Aníbal Currea. El Diputado por el Estado Soberano del Cauca, Tomás C. de Mosquera. El Diputado por el Estado Soberano del Cauca, Andrés Cerón. El Diputado por el Estado Soberano del Cauca, Ezequiel Hurtado. El Diputado por el Estado Soberano del Cauca, Peregrino Santacoloma. El Diputado por el Estado Soberano del Cauca, Ramón María Arana. El Diputado por el Estado Soberano del Cauca, Nicomedes Conto. El Diputado por el Estado Soberano del Cauca, Antonio L. Guzmán. El Diputado por el Estado Soberano del Cauca, Vicente G de Piñérez. El Diputado por el Estado Soberano de Cundinamarca, Ramón Gómez. El Diputado por el Estado Soberano de Cundinamarca, Francisco J. Zaldúa. El Diputado por el Estado Soberano de Cundinamarca, Francisco de P. Mateus. El Diputado por el Estado Soberano de Cundinamarca, Juan A. Uricoechea. El Diputado por el Estado Soberano de Cundinamarca, Lorenzo María Lleras. El Diputado por el Estado Soberano de Cundinamarca, Manuel Ancízar. El Diputado por el Estado Soberano de Cundinamarca, Salvador Camacho Roldán. El Diputado por el Estado Soberano del Magdalena, José María L. Herrera. El Diputado por el Estado Soberano del

Magdalena, Luis Capella Toledo. El Diputado por el Estado Soberano del Magdalena, Manuel L. Herrera. El Diputado por el Estado Soberano del Magdalena, Juan Manuel Barrera. El Diputado por el Estado Soberano del Magdalena, Agustín Núñez. El Diputado por el Estado Soberano de Panamá, Buenaventura Correoso. El Diputado por el Estado Soberano de Panamá, Gabriel Neira. El Diputado por el Estado Soberano de Panamá, Guillermo Lynch. El Diputado por el Estado Soberano de Panamá, José Encarnación Brandao. El Diputado por el Estado Soberano de Panamá, Guillermo Figueroa. El Diputado por el Estado Soberano de Santander, Foción Soto. El Diputado por el Estado Soberano de Santander, Aquileo Parra. El Diputado por el Estado Soberano de Santander, Narciso Cadena. El Diputado por el Estado Soberano de Santander, Alejandro Gómez Santos. El Diputado por el Estado Soberano de Santander, Felipe Zapata. El Diputado por el Estado Soberano de Santander, Marcelino Gutiérrez A. El Diputado por el Estado Soberano de Santander, Gabriel Vargas Santos. El Diputado por el Estado Soberano del Tolima, José Hilario López. El Diputado por el Estado Soberano del Tolima, Bernardo Herrera. El Diputado por el Estado Soberano del Tolima, Liborio Durán. El Diputado por el Estado Soberano del Tolima, José María Cuéllar Poveda. El Diputado por el Estado Soberano del Tolima, Manuel Antonio Villoría. El Diputado por el Distrito Federal, Eustorjio Salgar. El Diputado por el Distrito Federal, Wenceslao Ibáñez. El Secretario, Clímaco Gómez V.

LA DIPUTACIÓN A LA CONVENCIÓN NACIONAL POR EL ESTADO SOBERANO DE ANTIOQUÍA, Visto el **Artículo** 93 de la Constitución que acaba de expedirse, en nombre y por autoridad del Estado que representa: ha venido en ratificar como por la presente ratifica, la Constitución para los Estados Unidos de Colombia, expedida por la Convención Nacional, atendiendo a que dicha Constitución reconoce en sus disposiciones cardinales la autonomía y los intereses del Estado Soberano de Antioquía.

Rionegro, 8 de mayo de 1863.

José María Rojas Garrido. C. A. Echeverri. A. Mendoza. M. García. Juan C. Soto. Don don Granados. Nicolás F. Villa.

LA DIPUTACIÓN DEL ESTADO SOBERANO DE BOLÍVAR, en nombre y por autoridad del pueblo su comitente, declara:

Que animada de los más sinceros deseos de afianzar sólidamente el sistema federal, que es el sentimiento unánime de los colombianos.

Interesada como todas las demás Diputaciones en el restablecimiento de la paz, bajo un sistema de libertad, de orden, y de garantías que consulte la felicidad pública y el engrandecimiento nacional.

Convencida de que no ha faltado a los deberes que se le han impuesto por el pueblo soberano a quien representa como parte del único y legítimo poder constituyente, existente por voluntad del pueblo mismo en la Convención Nacional.

Y segura de que la Constitución que ha contribuido a sancionar, satisface completamente las exigencias de la opinión pública salvando como ha salvado la soberanía e independencia de los Estados, por lo cual es conveniente a la paz y tranquilidad de los mismos que empiece a regir desde su sanción;

Ha venido, por estos poderosos motivos, en ratificar, como expresa y terminantemente ratifica la expresada Constitución dada y firmada en este mismo día.

Rionegro, mayo 8 de 1863.

A. González Carazo. José Araújo. R. Santodomingo Vila. Benjamín Noguera. Eloi Porto. Felipe S. Paz.

LOS DIPUTADOS A LA CONVENCIÓN NACIONAL POR EL ESTADO SOBERANO DE BOYACA:

Aceptamos y ratificamos en todas sus partes, a nombre de nuestro Estado, la Constitución política para los Estados Unidos de Colombia.

Rionegro, 8 de mayo de 1863.

S. Gutiérrez. Santos Acosta. Antonio Ferro. P. Cortez Holguín. G. A. Sarmiento. Aníbal Currea. J. del C. Rodríguez. S. Izquierdo Z. J. Eusebio Otálora.

EN EL NOMBRE DE DIOS, AUTOR Y LEGISLADOR DEL UNIVERSO:

El Estado Soberano del Cauca animado de los más sinceros deseos de poner un término a las calamidades que produjo la guerra civil, y a fin de afianzar sólidamente el sistema federal, que destruyó una revolución oficial, nombró la Diputación que representará al Pueblo y al Estado del Cauca, para que contribuyese con sus votos a revalidar el Pacto de Unión, salvando la soberanía del Estado, sus límites y prerrogativas; y la Diputación que lo representa en uso de los poderes que recibió, ha contribuido a sancionar la Constitución política de los Estados Unidos de Colombia, y considerando la conveniencia de que empiece desde luego a regir en los Estados de la Unión, cuya autonomía y soberanía interior está reconocida y consagrada en el **Artículo 93** de la misma Constitución; en virtud de él y en uso de las facultades con que está investida la expresada Diputación del Cauca ha venido en ratificar y por las presentes ratifica la dicha Constitución, dada y firmada en este mismo día.

Rionegro, 8 de mayo de 1863.

T. C. de Mosquera. Andrés Cerón. Ezequiel Hurtado. R. M. Arana. Julián Trujillo. Antonio L. Guzmán. Nicomedes Conto. Vicente G. de Piñérez. Peregrino Santacoloma.

Acta de Ratificación

Por parte de la Diputación del Estado Soberano de Cundinamarca de la Constitución de los Estados Unidos de Colombia, expedida el 8 de mayo de 1863.

Nosotros, los infrascritos Diputados por el Estado Soberano de Cundinamarca a la Convención Nacional, vista la Constitución expedida y firmada en el día de hoy por la expresada Convención para los Estados Unidos de Colombia, hemos venido en aprobarla y ratificarla como en efecto la aprobamos y ratificamos unánimemente, de conformidad con lo acordado y dispuesto en el **Artículo** 93 de la misma Constitución. Y para los efectos consiguientes extendemos y firmamos dos ejemplares de la presente acta de ratificación. En Rionegro, a ocho de mayo de mil ochocientos sesenta y tres.

Francisco J. Zaldúa. Ramón Gómez. Francisco de P. Mateus. J. Agustín de Uricoechea. Lorenzo María Lleras. Manuel Ancízar. Salvador Camacho Roldán.

LA DIPUTACIÓN A LA CONVENCIÓN NACIONAL POR EL ESTADO SOBERANO DEL MAGDALENA:

En nombre y por autoridad del Estado que representa, visto en el **Artículo** 93 de la Constitución que acaba de sancionarse por la expresada Convención, ha venido en ratificar como por la presente ratifica, la Constitución para los Estados Unidos de Colombia, sancionada hoy por la Convención Nacional, en atención a que dicha Constitución consulta en sus disposiciones esenciales, la autonomía y los intereses del Estado Soberano del Magdalena.

Rionegro, 8 de mayo de 1863.

José María L. Herrera. Luis Capella Toledo. Manuel L. Herrera. J. M. Barrera. Agustín Núñez.

EN EL NOMBRE DEL ESTADO SOBERANO DE PANAMÁ

La Diputación de dicho Estado en la Convención Nacional visto el **Artículo** 93 de la Constitución que acaba de sancionarse por la expresada Convención y considerando que la Constitución de que se trata consulta en lo esencial la soberanía y los intereses del Estado Soberano que los infrascritos representan, ha venido en ratificar como por la presente ratifica la Constitución para los Estados Unidos de Colombia, sancionada el día de hoy. Y el acto adicional transitorio.

Justo Arosemena. Guillermo Figueroa. G. Neiva. José E. Brandao. Guillermo Lynch. B. Correoso.

Los infrascritos Diputados a la Convención Nacional por el Estado Soberano de Santander, teniendo en cuenta lo dispuesto en el **Artículo** 93 de la Constitución política para los Estados Unidos de Colombia sancionada por la Convención Nacional en este día, declaramos que aprobamos y ratificamos en todas sus partes, unánime y solemnemente, a nombre del Estado que representamos la expresada Constitución política para los Estados Unidos de Colombia.

En fe de lo cual firmamos la presente acta de ratificación en la ciudad de Rionegro, a ocho de mayo de mil ochocientos sesenta y tres.

Foción Soto. Aquileo Parra. Narciso Cadena. Marcelino Gutiérrez A. Alejandro Gómez Santos. Felipe Zapata. Gabriel Vargas Santos.

La Diputación del Estado Soberano del Tolima a nombre de su comitente y en cumplimiento, de lo prevenido por el **Artículo** 93 de la Constitución, ratifica espontánea, expresa y deliberadamente la mencionada Constitución para los Estados Unidos de Colombia expedida por la Convención Nacional en el presente día.

Rionegro, 8 de mayo de 1863.

José Hilario López. Bernardo Herrera. M. A. Villoría. Liborio Durán. José M. Cuéllar P.

Ratificación del Acto Constitucional Transitorio

Los infrascritos, que constituyen la Diputación del Estado Soberano de Antioquía en la Convención Nacional, ratificamos expresamente, a nombre del Estado que representan el Acto Constitucional Transitorio sancionado en esta fecha por la Convención.

Rionegro, 8 de mayo de 1863.

José María Rojas Garrido. C. A. Echeverri. A. Mendoza. M. García. Juan C. Soto. Don don Granados: Nicolás F. Villa.

Los infrascritos que constituyen la Diputación del Estado Soberano de Bolívar en la Convención Nacional, ratifican expresamente, a nombre del Estado que representan, el Acto Constitucional Transitorio sancionado en esta fecha por la Convención.

Rionegro, 8 de mayo de 1863.

A. González Carazo. José Araújo. R. Santodomingo Vila. Benjamín Noguera. Eloi Porto. Felipe S. Paz.

LOS DIPUTADOS DE LA CONVENCIÓN NACIONAL POR EL ESTADO SOBERANO DE BOYACA:

Aceptamos y ratificamos en todas sus partes, a nombre de nuestro estado, el Acto Constitucional Transitorio para los Estados Unidos de Colombia.

Rionegro, 8 de mayo de 1863.

S. Gutiérrez. Santos Acosta. Antonio Ferro. P. Cortez Holguín. Santiago Izquierdo Z. G. A. Sarmiento. Aníbal Correa. J del C. Rodríguez. J. Eusebio Otálora.

Acta de ratificación. De la Diputación del Estado Soberano del Cauca del Acto Constitucional Transitorio para los Estados Unidos de Colombia

El Estado Soberano del Cauca y en su representación, los infrascritos Diputados por las presentes letras, venimos en ratificar como ratificamos el Acto Constitucional Transitorio para los Estados Unidos de Colombia expedido y firmado hoy por los Representantes de los Estados Unidos de Colombia reunidos en Convención; y para los efectos legales y consiguientes firmamos la presente en la ciudad de Rionegro, a 8 de mayo de 1863.

T. C. Mosquera. Peregrino Santacoloma. Andrés Cerón. Ezequiel Hurtado. Nicomedes Conto. R. M. Arana. Julián Trujillo. Antonio L. Guzmán. Vicente G. de Piñérez.

Acta de ratificación. Por parte de la Diputación del Estado Soberano de Cundinamarca del Acto Constitucional Transitorio para los Estados Unidos de Colombia

Nosotros, los infrascritos Diputados del Estado Soberano de Cundinamarca a la Convención Nacional, visto el Acto Constitucional Transitorio para los Estados Unidos de Colombia, expedido y firmado hoy por la expresada Convención, hemos venido en aprobarlo y ratificarlo como en efecto lo aprobamos y ratificamos unánimemente, de conformidad con lo acordado y dispuesto por el **Artículo** 93 de la Constitución expedida y firmada en el mismo día. Y para los efectos legales consiguientes extendemos y firmamos dos ejemplares de la presente acta de ratificación.

Rionegro, mayo 8 de 1863.

Francisco J. Zaldúa. Ramón Gómez. Francisco de P. Mateus. J. Agustín Uricoechea. Lorenzo María Lleras. Manuel Ancízar. Salvador Camacho Roldán.

La Diputación a la Convención Nacional por el Estado Soberano del Magdalena

En nombre y por autoridad del Estado que representa, ratifica expresamente el Acto Constitucional Transitorio expedido por la Convención Nacional en esta fecha.

Rionegro, 8 de mayo de 1863.

José María L. Herrera. Luis Capella Toledo. Manuel L. Herrera. J. M. Barrera. Agustín Núñez.

La Diputación del Estado Soberano de Panamá a la Convención Nacional, ratifica expresamente, a nombre de su comitente, el *Acto Constitucional Transitorio* expedido por la Convención en esta fecha.

Rionegro, 8 de mayo de 1863.

Justo Arosemena. Guillermo Figueroa. G. Neira. José E. Brandao. Guillermo Lynch. B. Correoso.

Los infrascritos Diputados a la Convención Nacional por el Estado Soberano de Santander, visto el *Acto Constitucional Transitorio para los Estados Unidos de Colombia*, expedido y firmado por la Convención, y teniendo en cuenta lo dispuesto en el **Artículo** 93 de la Constitución política sancionada también en este día, declaramos: que aprobamos y ratificamos en todas sus partes, a nombre del Estado que representamos, dicho *Acto Constitucional Transitorio* para los Estados Unidos de Colombia.

En fe de lo cual, firmamos la presente acta en la ciudad de Rionegro, a ocho de mayo de mil ochocientos sesenta y tres.

Foción Soto. Aquileo Parra. Narciso Cadena. Marcelino Gutiérrez A. Alejandro Gómez Santos. Felipe Zapata. Gabriel Vargas Santos.

Los infrascritos Diputados por el Estado Soberano del Tolima, convienen en ratificar, como en efecto ratifican, a nombre del Estado que representan, el Acto Constitucional Transitorio de esta fecha sancionado por la Convención Nacional.

En su constancia, firman la presente, en Rionegro a los ocho días del mes de mayo de mil ochocientos sesenta y tres.

José Hilario López. Bernardo Herrera. Liborio Durán. M. A. Villoría. José M. Cuéllar P.

Por tanto, en cumplimiento del **Artículo** 93 de la Constitución, la publica y circula.

Rionegro, 8 de mayo de 1863.

El Ministro del Interior, Santos Gutiérrez. El Ministro de Relaciones Exteriores, J. Hilario López. El Ministro de Hacienda, Eustorjio Salgar. El Ministro de Guerra, Tomás C. de Mosquera.

Libros a la carta

A la carta es un servicio especializado para
empresas,
librerías,
bibliotecas,
editoriales
y centros de enseñanza;
y permite confeccionar libros que, por su formato y con-cepción, sirven a los propósitos más específicos de estas ins-tituciones.

Las empresas nos encargan ediciones personalizadas para marketing editorial o para regalos institucionales. Y los in-teresados solicitan, a título personal, ediciones antiguas, o no disponibles en el mercado; y las acompañan con notas y comentarios críticos.

Las ediciones tienen como apoyo un libro de estilo con todo tipo de referencias sobre los criterios de tratamiento tipográfico aplicados a nuestros libros que puede ser consul-tado en Linkgua-ediciones.com .

Linkgua edita por encargo diferentes versiones de una misma obra con distintos tratamientos ortotipográficos (ac-tualizaciones de carácter divulgativo de un clásico, o versio-nes estrictamente fieles a la edición original de referencia).

Este servicio de ediciones a la carta le permitirá, si usted se dedica a la enseñanza, tener una forma de hacer pública su interpretación de un texto y, sobre una versión digitaliza-da «base», usted podrá introducir interpretaciones del texto fuente. Es un tópico que los profesores denuncien en clase los desmanes de una edición, o vayan comentando errores de interpretación de un texto y esta es una solución útil a esa necesidad del mundo académico.

Asimismo publicamos de manera sistemática, en un mismo catálogo, tesis doctorales y actas de congresos académicos, que son distribuidas a través de nuestra Web.

El servicio de «libros a la carta» funciona de dos formas.

1. Tenemos un fondo de libros digitalizados que usted puede personalizar en tiradas de al menos cinco ejemplares. Estas personalizaciones pueden ser de todo tipo: añadir notas de clase para uso de un grupo de estudiantes, introducir logos corporativos para uso con fines de marketing empresarial, etc. etc.

2. Buscamos libros descatalogados de otras editoriales y los reeditamos en tiradas cortas a petición de un cliente.